Yhtä puliveivaamista

Murrerunoja Pohojanmaalta

Jorma Luoma

© Jorma Luoma

Kustantaja: Books on Demand, Helsinki, Suomi
Valmistaja: Books on Demand, Nordstedt, Saksa
ISBN: 978-952-339-442-1

Sisällysluettelo

Lukijalle

Pohjanmaalla

Pohjanmaalla joka taloos
          on oma murre,
  notta älä tuu mulle sanomahan,
  ei se nuon oo, vaan sanomhan.
Se on justiina niin, ku se sanotahan.
Niillä lakeuksilla ei fiilata pilikkuja,
  siellä puhutaan leviää ku mies
          ja ollahan rehtiä,
  eikä mitää filunkipeliä piretä,
  son niinku miäs sanoo,
  eikä perähän poraata.
Poijaankossitki oppii jo kakaroona,
          että mies ei itke.
Ei se oo mies eikä mikää,
  joka joka-asian perähän poraa,
          kyllä jämpti on nii.

S'on ny tällaasta

Paikaallinen sopiminen

Mekin mentihin kakaroona isoohin taloohin
  repimähän pilliääsiä perunapelloosta käsin.
Sovittihin notta koko peltorati puhuristetahan
  ja koko päivä siinä vierähti.
Palakasta sovittihin, notta se maksetahan sitte,
  kun urakka on tehty.
Siinä me seistihin isännän eres käsi ojos.
Se kattoo jokaasta päästä jalakoohin
  ennenkö makso.
Komiat flikat saattoo saara jopa viisi markkaa.
Kun tuli mun vuoro, niin se mulukooli mua
  ja työnti markan kourahan.
S'oli silloon poijaan markka 20 penniä,
  vai mitenkä se ny menikää.
Mutta ei sitä voinu lakkohonkaa ruveta,
  kun ei etukätehen tieretty palionko saarahan.
Silloon olis kannattanu olla komia flikka.
Nykyyset isännät porajaa kaiket päivät
  ja orottaa paikaallista sopimista,
      kun lehemä uutta porttia,
  nottei tarttis maksaa euruakaa.

Veroparatiisi

Mun nuoruures oli vain yksi paratiisi,
  s'oli kirkon ja muiren uskontojen
  lupaama paikka tuonpuolooses elämäs
  ja joilleki luvattihin kymmeniä neitsyhiä.
Mutta meirän uskos oli yksi ehto,
  piti muistaa ennen viimeestä henkäystä
  sanua uskovansa iesuksehen,
  silloon aukee taivahan portti.
Mutta nämä nykyherrat ovat löytänehet
  paratiisin jo tämän puoleeses elämäs,
                veroparatiisin.
On se ketkua porukkaa,
  kun pääsöövät Pietarinki kiertämähän,
  ei muuta kun kuskatahan yhteesiä rahoja
  kottikärryyllä suorahan paratiisihin
  ja nautitahan maallisista iloosta ja riemuusta.
Mutta yhyren asian n'on unohtanu,
                niirenki pitää kuolla
  ja mihinkä ne rahat sitte joutuu,
  niin ja paratiisi pitää jättää,
  siinä sitä on murhetta loppuelämäksi.

Kilipaalukykyloikka

S'on kansan kuriittamista,
  mutta minkäs teet,
  kun koko maalima teköö sitä,
  s'on paha pienen Suamen
  siinä väliis rimpuulla.
Lasketahan palakat, vierähän kaikki,
  vierähän vaikka tuhkatki pesästä,
  notta herroolla on millä mällätä.
On se kun työkki vierähän sinne,
  mihinä kakarat teköö ne puoli-ilimaaseksi,
  risusavottaki teherähän konehilla,
  filippiinilääset kerää siänet ja marijat,
  puukki kaaretahan niin, notta kohta ei oo
  eres puita, josta pettua revitähän,
  kohta ei oo muuta järsittävää ku kynnet.
Paha s'on äkkiä loikaata panklaresin elitasoohin,
  sielä ne voi mennä vaikka puun alle nukkuma-
han,
  mutta täälä on talavi, iesus sentähän
  ja asunnot maksaa maltahia
  ja vuokrat nousoo, kun hissi.
Kyllä ny on Suomen poika
  kusisehen rakohon työnnetty,
  kai sitä tarttis ittekin lähtiä lämpöösempähän,
  jos menis vaikka portukalihin.

Konhootusta

Herroolla on konhootuksensa,
  ku ne luuloo ite tehenehensä kaiken,
  vaikka ne enimmäkseen katteloo päältä,
    ku tyämies rehkii.
Mutta kyllä niille raha kelepaa,
  kun on tilinteon paikka
  ja sitte niitä sijootellahan kaikennäköösihin
        pyramiiripeleehin,
  sun muihin kotkotuksiin,
  notta se poikis lisää rahaa.
Ennen vanahaan ei poikinu muu ku lehemä
  ja kaupanpäälle saatihin hyvää ternimaitua
        ja vasikka.
Nyt ne osteloo kokonaasia kerroostaloja halavalla
  ja myy köyhille kallihilla hinnalla
  ja jos sulla ei oo varaa ostaa,
  niin ei hätää, vuokratahan,
  eikä silloo väliä pystykkö maksamahan,
  kyllä verorahoosta rahaa löytyy,
  jos ei muutoon, niin teherähän lisää velekaa,
  pääasia on, notta herrat saa omansa.

Sote

Ne sotkoo nykyysin kaikki asiat.
Mikä sellaanen soteki on,
 tarkoottaako se notta sotketahan terveys.
Kaikenlaasta sitä on sivusta kuultu,
 sellaastakin notta jätetähän 75 täyttänehet
 oman onnensa nojahan,
  maakkohot kotonansa,
 ei sen ikäästen tartte enää mihinää hypäätä.
Vierähän vain ruokaa, kuten yhyrelleki,
  vaikka s'oli jo kuollu,
 ei ihimetelty, notta miksei se oo syöny,
 laitettehin vain ruokakippo toisen päälle,
 kunnes joku havaatti sen kuollehen.
Sairaaloota lopetetahan ja ihimisiä hoiretahan
  rikitaalisesti,
 ei muuta ku mennähän vaan nettihin
 ja kysytähän tohtoorilta neuvua,
  heleppua ku heinänteko,
 ja säästyä pitää tulla ja jos ei muutoon,
 niin ainahan takaplakkarissa on eutanaasia.

16

Hilijaaseksi vetää

Nyt miäs meni hilijaaseksi,
  televisioos menöö parahillaan terrori-iskusta
        kuollehia on kymmeniä,
  nyt on pakko vakavootua,
  sillä vitsit alkaa olla vähissä.
Moon sitä mieltä, notta nämä ei lopu,
        ennenkö ahaneus vähenöö,
  ja ihimiset ymmärtää jakamisen tärkeyren.
Ny kun kaikki sekuaa kaikkialla,
  niin maailma pursuaa pakolaasia
  ja jos me ny kohorellahan niitä kaltoon,
        niin siitä ei hyvää seuraa.
Isä aina sonoo, notta älä tee toiselle sitä,
  mitä et taharo sulle tehtävän,
  elikkä mieti miltä susta tuntuus,
  jos sulle tehtääsihin se temppu
  ja jos se tuntuus ilikiältä,
        niin jätä se tekemättä.
Näin kun oltaasihin ihiminen ihimiselle,
  niin terroristikki vois ruveta elämähän
        ihimisiksi.

Pakolaaset

Pakolaasia tuloo ku Vilikkiläs kissiä,
      eikä niille mitää voira,
ku niitä tuloo ovista ja klasiista.
Sanoovat notta niille pitää antaa työtä,
  paha s'on antaa ku työt on viety
      kaukomaille
  ja asuunnokki pitääs järijestää,
  mutta kun on korittomia omastaki takaa.
Maaseurulla olis autiotupia,
  muttei ne sinne halua mennä,
  ne tahtoo kaikki kaupunkihin,
  niinku sillit purkkiihin.
Siitä teköö vielä kimurantimman,
      kun ne epäälöövät
  notta niiren joukos on terroristia.
Paha s'on mennä sanomahan,
  mitä niiren kans tulis teherä,
  nottei jouru käräjille sanoostansa,
  siton niin palio herkkähipiääsiä liikkehellä,
  notta s'on viisaampaa pitää suu supus,
  vaikka pohojanmaalla on totuttu
      sanomahan suorahan.

Rasismi

Muaki rupes yksi nuari flikka
  haukkumahan rasistiksi,
  kun mä vahinkossa sanoon, notta neekeri,
  niinku mulle oli kansakoulussa opetettu.
Emmä mä mitää pahaa tarkoottanu,
  vaikka kirpputorilla ihimettelinki,
  miksei niille kelepaa tämä tavara,
  samoon kuin meille suomalaasille.
Mä yritin sille flikalle toimittaa,
  notta näin mut on kasvatettu,
  muttei se kuunnellu, huusi vaan,
          kun s'oli niin kiihryksis.
Musta ei ny pitääs niin joka sanahan takertua,
          jossei tierä toisen taustaa.
S'on sitten eri asia jos ruvetahan vihaa pitämähän,
          siitä mäkää en tykkää,
  s'on varma tie kunnon rähinööhin.
Ei sitä pirä eheroin taharoin ruveta
  toisia haukkumahan ihoonvärin takia
          ja tönimähän,
pitääs aina muistaa,
notta mollahan kaikki ihimisiä.

Autokaupoos

Tässä takavuosina mulle soitettihin,
  notta tuu autoesiittelyhyn,
  me tarjotahan kahavit ja pestähän sun auto.
Mä aatteelin jotta voisin mä mennäkin.
Kun mä tulin kauppahan niin myyjä tokaasi,
            autuako tulit pesettämähän?
Saahan senki pestä mä sille sanoon.
Se sieppas multa avaamen ja lähti sanoen,
  Voit hakia sen pesuhallista, jätän avaamen auto-
hon.
Niin se meni, eikä se esitelly uusia autoja
            eikä tarjonnu kahaviakaan.
Kai se meinas nottei tuollaanen pitkätukka, risuparta
  mitää autua osta, nuon kulunehet vaattehekki.
Nyt mun auto on 15 vuotta vanaha ja hyvin kulukoo.
Kauhajoellakin yksi isäntä meni sontapellolta
  sontaasis vaattehis ostamahan autua,
  niin myyjät nauroo sen ulos. Isäntä tokas,
  ai täällä ei myyräkään autoja ja käveli tien yli
  toisehen liikkeesehen ja osti uuren auton käteesellä.
Erellisen kaupan myyjälle annettihin potkut,
  eikä sitäkää kauppaa enää oo josta mut ajettihin.
Ei sitä nuon kauppaa teherä,
  notta ei oo koiraa karvoohin kattominen.

Pyrokratia

Tekemätöntä työtä olis vaikka kuinka palio,
        kun vaan annettaasihin teherä,
mutta ei kun se tökkää useemmiten pyrokratiahan
        tai sitte ne sanoo jottei oo rahaa,
kun pitää maksaa osinkoja reilut 150 prosenttia
tuotosta ja sitte ne rahat pannahan poikimahan.
Mäki kysyyn kun koivu oli kaatumassa tielle,
        notta saako sen kaataa,
niin siellä joku vanahapiika huusi, jotta pitää olla
lupa
    ja se maksaa, saatte maksaa kaikki,
    mutta mä ajattelin notten voi orottaa,
    kun se puu kaatuu juuri ny tielle
    ja siinä voi olla henkenlähtö lähellä joltakin.
Ja ne rirektiivit vasta kamalia onki,
    kun mökinmummonki pitääs teherä kallis
            puhuristuslaitos,
    kun kakkaa ei nykyään saa laittaa peltohon
    ja sitä kakkaakaan ei taharo tulla ku kerran viikos,
    niin onko siinä nyt mitään tolokkua
            hukaata rahaa mokoman takia,
mutta ne sanktiot, ne sanktiot.

Venäjä

Mulle ei oo oikeen selevinny,
  mitä ne siellä Venääjällä oikeen meinaa,
  ku ne sanoovat yhtä, mutta teköövät toista.
Tällaasen vatuloomisen takia itärajalla on
  iso kasa polokupyöriä ja romu Latoja,
  saiskohan niitä ostaa vai kuuluvakko
          ne vielä Venäjälle.
S'on myös siitä kummallista touhua,
  kun sielä saa vain yksi miäs puhua,
  jos meet puhumahan, niin pian saat
          syränkohtauksen,
  sitä mä vaan oon ihimetellyt,
  notta onko ne yrittänehet elevyttää haloolla,
  kun ruumis on usein ollu sinipunaanen.
Sitte ne välillä truivaa pommittamahan
          paikasta toisehen,
  johtuukohan se siitä ku amerikkalaasekki.
Toisaalta ne on aika ennalta arvattavia koska,
  jos ne sanoo tekevänsä jotakin, niin ajattele,
  jotta justihin niin ne ei tee ja osut oikiahan.
Tierä häntä sitten, mutta paree s'on olla
  varuullansa, jottei tuu yllätetyksi.

Ikärasismia

Kyllä meitä vanahoja vierähän ku pässiä sarvista,
   kakarat huutaa nottei me mitää eläkettä tarvita,
   ja sitte meirät unohretahan kotiihin
          ja laitoksihin.
Ennenvanahahan ei unohrettu,
   vanahat ihimiset sai syytinkipaikan
   ja niillä oli oikeus syörä ja osallistua
          taloon töihin
   ja niiltä saatettihin kysyä neuvua,
          vanahuksia kunniootettihin.
Tänä päivänä kun yrität toimittaa jotakin,
   niin sanotahan, notta mitä tuokin tuos horisoo.
Minäki yritin lähettää ratiohon pikkujuttuja,
   notta niitä olis luettu vanahoolle ihimisille,
          jokka tykkäs niistä,
   niin mulle ei eres vastattu mitään.
Ratiossa vaan luettihin kakarootten tarinoota,
   aina vaan uurelleen parahaltaatehen
   vanahojen ihimisten kuunteluaikahan,
   vaikka nuaret oli koulus ja työs.
Turha s'on vanahan mitää yrittää,
   kun nuaret kuitenkin päättää,
   nottei tuollaasia horinoota kukaan kuuntele.

Kriitikko

Moon aina ihimetellyt nuota arvostelijoota,
  jokka leheris kirijoottaa,
        notta onko hyvä vai huano.
Siinä on moni herkkä nuari päässyt henkestänsä,
  kun ei oo kestänyt palautesta
        ja on sitte tappanu ittensä.
S'on kun Jumalan sanaa, ku s'on präntätty lehtehen,
  vaikka kyse on yhyren ihimisen mielipitehestä,
  eikä se useenkaa oo oikiassa,
  ainakaa suuren yleesön mielestä.
Kyllä siinä tapahtuu suuri vääryys,
  kun parahaasta päästä vierähän hautahan.
Muaki kerran arvosteltihin ja ihimeteltihin,
  notta mitä tuokin nyt oli, kunei ymmärretty.
Onneksi siinä yksi flikkaihiminen tuli hätihän
  ja alakoo puolustamahan mun pränttiä,
  s'oli jaksanu kuunnella mua ja ymmärsi,
  mitä mä oikeen olin kirijoottanut,
  notta siinä oli vähän muutakin
  kun sinisiä silimiä ja rakkautta,
  sitä samaa pitääs toimittaa joka riviillä.
Pohojanmaanmies sanoo,
  notta mä alttarilla sonoon taharon
  ja jos siihen tuloo muutoksia,
  niin mä ilimootan sitte.

Läiskätestit

Mäkin nuarena miehenä menin läiskätesteihin,
  s'oli ku mustespulloja olis kaarettu paperille.
Mä siinä kovasti kirijoottelin, mitä olin näkevinäni,
  mutta ei siitä ikinä mitää kuulunu
  ja elämä jatkui vanahaan mallihin.
Sitte myöhemmin jouruun samanlaasehen testihin,
  enkä nyt muista mitä kirijoottelin,
  mutta tauolla se vasta oli mielenkiintoosta kuulla,
  mitä muut olivat nähänehet.
Noli nähäny vaikka mitä,
  yksikin näki jokaases kuvas seksiä,
  ihan kun siemennestehen roiskehia,
  se taisi olla entiinen kravattisonni,
  mutta joku näki kukkia ja ampiaasia,
  joku oli näkevinänsä keijuja ja enkeleitä,
  sitte oli ne jokka näki kaikenmaailman
  mörköjä, piruja ja jopa itte paholaasen,
  hienostelijat näkiivät apstraktisia kuvia,
  kyllä oli pirunmoista elämää niis läiskis.
Myöhemmin mulle tuli kirje, jossa sanottihin,
  notta m'olin sen ryhymän ykköönen elikkä paraas.
Sitä mä vaan oon miettiny, notta miten sen parem-
muuren
  niistä läiskistä näki.
Onko sen nyt niin nuukaa,
  auttoihan se mua etenemähän uraputkes.

Neuvoottelut

Moon rippikoulun käynyt ja rokotettu,
  elikkä täysivaltaanen kansalaanen,
  mutten mä silti oo teheny tärkehiä päätöksiä yöllä,
    kuten Helsinkin herrat.
On se nyt pirunmoosta kun ei pystytä sopimahan,
        ku väsyyttämällä koko yön
  ja aamulla tullahan silimät kieros,
        notta jatketahan ens yönä,
  ja vihiroon ja viimmein on jotaki sovittu,
  niin kohta taas riirellähän,
        notta mitä tuli sovittua
  ja kaikki alootetahan taas aluusta
  ja jossei muu auta, niin siirretähän päätös vaalien
        jäläkehen seuraavalle hallitukselle.
Mitä siitäki tulis jos me kaikki ruvettaasihin
  vain makaamahan ja sanottais
  notta siirretähän seuraavahan elämähän,
        ei tulis syltä eikä kystä?
Kyllä s'on nyt niin, notta jos asiat meinatahan
  laittaa kohoralleen, niin pitää pystyä päättämähän,
  vaikka kuinka kirpaasis ja tekis kipiää,
        ei aina voi olla karkkipäivä.

Vasiten

Kerran m'ajatteelin kuulostella,
  notta mitä ne poliitikot oikeen praatavat.
Yksikin honotti pari tuntia,
          sanomatta yhtään mitään,
  tai mä en ymmärtäny sanaakaan,
  ihan niinku piruuttansa venkoolevat.
Mutta auta armias jos joku muu praataa,
  niin heti ymmärretähän vasiten väärin,
  notta mikä se tuokin luuloo olovansa.
Kyllä on niin viimmeisen päälle kierua porukkaa,
  notta ne pitää hauratakki ruuvaamalla,
  tai muutoon ne nousoo ylös hauroostansa,
  ihan kun se ristus pääsiääsenä.
Emmä vaan jaksaasi olla tuollaanen,
  miten ne voi kuunnella toisiansa päivät pitkät,
  vaikka kyllä ne toisinansa siellä nukahteloo.
Ja sitte ennen vaaleja ne lupaavat kuun taivahalta,
  mutta auta armias kun vaalit on mennehet,
  niin sanotahan, emmä sitä tarkoottanu,
  Valehtelevat päin silimiä, hyi helevetti,
  ne pitääs ripittää joka ainua päivä.

Jos mää kuolen

Jos mää kuolen, niin tietäkää,
notta mää oon löytäny sisääsen rauhan
ja orotan uteliahana tulevaa,
sillä niinku me tulimma,
niin me myös lähäretähän
       sinne alakulähtehille,
josta sialumma lähti vapaasehen lentohon,
ainehen maailmahan.
Vaikka tuleva on meille mysteeri,
niin se aukuaa ku kukka ajan täyttyes,
pehemiästi valoon polokua kulukien,
äänettömästi lämpöösen musiikin taharis
       ja rakkaures.
Ja jos joku luuloo notta m'oon vain lihaa,
luuta ja verta, niin väärin luuloo,
sillä m'oon myös henki ja sialu,
enkä alistu hautahan ruumihin kualtua.
Vahavistan henkiäni ja sialuani,
kun on aika lähtiä tähtikeinuhun,
niin ruumihin kuolema on vapaus
ainehen kahalehista toisehen ulottuvuutehen,
aikahan, kun mää päätän kohtalostani.

Kestävä kehitys

Kaikki ne sitä tavootteloo,
          kestävää kehitystä,
pitääs se ny tyhymänki tajuta,
notta mikää ei oo kestävää.
Parempi s'olis tavootella oikianmoista elämää,
niin silloon jäis moni turha vouhootus pois.
Poliitikoosta näköö sen parhaaten sen kestävyyren,
s'on tasan neliä vuotta kerrallansa
ja sitte pannahan kaikki uusiksi,
joka asiahan perustetahan uuret työryhymät,
jokka ei saa työtänsä valamihiksi aijallansa.
Sitte on nämä Roope serät,
jokka kerää kultaa aarrekammioohinsa,
kun ne luuloo, notta se ny ainaki kestää,
kyllähän se kestääki, mutta kenen käres,
kun perikunta riitelöö siitä verissä päin.
Kyllä s'on kuulkaa taitolaji pitää elämä
          ja omaasuus tasapainos,
nottei tartte häveetä ahneuttansa
ja piilootella rahojansa kuollehien ihimisten nimis,
          niinku jokku nyt teköö.

Panama

N'on taas niin tohkeessansa,
    notta kenenkä nimiä sieltä
    Panaaman kanavasta oikeen nousoo.
Kyllä siinä yhyren jos toisenkin polovet tutisoo
        ja housunlahkehet väpäjää
    ja ne jokka on jo jäänehet kiipelihin hokoo,
    nottei moo teheny yhtää mitää väärää,
    minkää lakipykäälän tai säännön mukahan,
    ku ensi itte säännöt rustaavat,
    häpiäpaaluhun joutaasivat mokomat.
Samahan aikahan ihmisille hoetahan,
        notta menöö huonoosti
    ny kyllä pitääs jokaaselta höyläätä etuuksia
    ja kaikkeen pienemmiltä eniten,
    notta ne tuntis, jotta niilläki jotaki on,
    kun on kerran höylättävääkin,
        kyllä ovat ketkut viekkahia,
    ku vähäki saarahan tuntumahan paliolta,
    täs tuntoo kohta ittensä rikkahaksi
    ja voi jopa ylypistyä, perhana.
Ny on kyllä pakko rukoolla,
    notten lankiaasi ylypeyren syntihin.

Muorollisesti päteevä

Ny ne huutaa kurkku suorana,
  notta ny pitää olla muorollisesti pateevä.
Työpaikat jaetahan toriistusten mukahan,
  vaikka'ei se torista muuta ku
  hyvää muistia ja lampahan luonnetta.
Sitte ne tuloo firmoohin asiantuntijooksi
  ja rupiaa neuvomahan vanahaa ammattimiästä,
  käyttäen sivistyyssanoja ja lyhennyyksiä,
              teheren näin ittensä tärkiäksi.
Työmies katteloo pää kallellansa ja ihimettelöö,
  notta mitä se tuoki tuossa horisoo
  ja lähtöö pois päätänsä puristellen.
Se tässä vaan korpee, ku n'on saanehet liikaa valtaa,
  sotkoo kaikki asiat ja tuhulaa firman rahat.
Siinä muutellahan nimiä ja kalustetahan huonehia
              toisen asiaantuntijan avuulla
  ja rustatahan käyntikortteja ja rahaaki palaa.
Postiki tässä välillä muutettihin Itikaksi,
  siis tarkootan notta Itellaksi,
              mutta sitte ne tuli järkihin
  ja muutti sen takaasin postiksi.
Mutta iesus sentään, notta siinä paloo palio rahaa,
  kaikki lomakkehet, lokot ja käyntikortit uusiksi
              viimeesen päälle.

S'on siinä

Kansa saarahan hiliaaseksi,
  vaikka kuinka tiukalle vetääs,
  kun työnnetähän paskaa töllööttimestä,
  notta ne pääsöö oikeen syrämensä pohojasta,
  rutisemahan, jotta kyllä on surkiaa.
Siinä sitä tuntoo itte kukin ittensä tärkiäksi,
  kun saa parjata niin viimeisen päälle
  ja jos vielä pääsöö samalla saunomahan,
  niin kyllä tuloo puhuristunu olo,
  samahan läjähän kun vielä manaa
            herrat ja poliitikot,
  niin sitä on kun taivahas.
Ja jos leipä meinaa loppua,
  niin jaetahan vanhentunutta ja ylijäämää,
  eikä anneta saharin loppua,
  sillä se kansa pysyy kuris ja nuhtehes,
            niinku ennen sanottihin,
  notta leipää ja sirkushuvia kansalle,
  niin n'on kun lampahia laituumella
  ja mitäpä sitä ihiminen muuta tarttoo,
  no mitä ny vähän lämpööstä
            ja katon päänsä päälle.

Konsultit

Kaiken maailman konsultit sanoo,
  notta olokaa onnellisia ja ilookkaa,
  mutta mistä sitä onnia repii,
  ku televisio ohojelmakki panoo itkemähän,
            ja nuoriso masentuu niin,
  jotteivät työhön enää pysty,
  vaan jäävät työkyvyttömyyseläkkehelle.
Sitte niitä käsketähän osaallistua
  ja mennä töihin vaikka ilimaaseksi,
  s'on kuulemma parempi ku jäärä kotia makaama-
han,
  eikö ne tajua että kaikki mitaatahan rahalla
  ja jossei sulla sitä oo, niin sä et oo yhtää mitää.
Ihimistä vierähän kun Piikkilän pitkää sikaa
            konsultilta toiselle,
  jokka yrittää saara ne työkykyysiksi veronmaksa-
jiksi,
  mutta mitä siitä tuloo, ku töitä ei oo,
            on vain toivottomuus, katu
            ja liian pienet kenkät
            ja pipokin puristaa
            ja CV näyttää autiolta
            ku Saharan santaerämaa,
  eikä ketää kiinnosta pätkääkää.

Huuto

Norialaasen Munkin Eetvartin huuto
        kuvaaloo hyvin tätä päivää
ku joka puolella huuretahan kun puukkoojunkkarit.
Laulajakkaa ei enää laula,
    vaan huutaavat kurkku suorana,
    vaikkei olis minkään laista ääntäkää.
Ja ne rokkikonsertit vasta kamalia onki,
    ku kakarat menöö paikalle paria päivää aikaasem-
min,
        notta saarahan hyvät paikat,
    sielä sitte täristähän vaipat housuus
        ettei menetetä paikkoja.
Sitte ku ne rokkarit saapuu, se huuto vasta alakaaki,
        eikä se lopu ollenkaa,
    s'olis ollu ihan sama mitä ne soittaa,
        vaikka Säkkijärven polokkaa,
    ei sielä kuiteskaa mitää olis kuullu.
Yksi erinomaasen paha paikka on lätkämatsit,
    sinne ei voi normaalikuuloonen mennä selevinpäin,
        jossei halua tulla kuurooksi.
Televisioostaki pitää kääntää ääni pois,
    kun sielläki melekeen kaikki huutavat
        mainooksia myöten perhana.

Talavivaara

Kyllä on kamalaa kateltavaa
            nuo Talavivaaran kuvat
ja mitenkä sitä vettä lasketahan järvehen,
s'on kun jättilääset kusis ristihin,
toinen kirkasta ja toinen veriistä kusta
ja ne ilimakuvat saa voimahan pahoon
ja näitä Talavivaaroja on maailma pullonsa,
Kanaatas revitähän maasta kiviöliyä,
 Ruottis siirretähän kokonaasta kaupunkia,
  koska se alla on olevinansa tärkiää malamia,
  Usalaaset on repiny koko maan arviille,
  niinku maailmas ei olis riittävästi autiomaata.
Kyllä ihiminen on teheny maan rumaksi
 ja sitte ne ihaaloo tekemiänsä rakennuksia,
 joitaki niistä oikeen suojellahan,
 suojelisivat luontua ja eläämiä, perskules.
Ei yksikää taloo oo niin komia,
            ku hakkamaton ikimettä,
            sitä vois kattua,
 mutta ku niitä ei enää oo ku muistoos.
Ylistarooski paloo kirkko,
 nolis tahtonu teherä samanlaasen,
 mutta kun niin suuria puita ei enää oo,
 kun puukki kaaretahan keskenkasvuusina.

35

Veloosta

Suomalaaset elää velaaksi, vaikkei vielä oo eres ke-
sä,
   niin ollahan jo osamma maasta kuluuttanu
   puhumattakaa muista veloosta,
   on siinä kakaroolla maksamista tulevaasuures.
Amerikkalaasilla pitääs olla viisi maapallua,
            jos kaikki kuluttaas niinku ne,
   eikö ne osaa räknätä, notta paha s'on teherä yhyres-
tä viisi,
   täs tullahan vielä tappelemahan monista asioosta,
   maasta, vetestä, puista ja kaikista luonnonvaroosta,
            siinä tuloo rumaa jäläkiä
   ja hävitetähän vielä neki vähät mitä on jälijellä.
Menkää kattomahan ostosparatiisihin,
   mitä kaikkia ihimiset siellä osteloo,
   kärryt on kukkuroollansa tavaroota ja ruokaa,
            tuskin ne niitä kaikkia tarvittoo,
   mutta ku pitää trossata, notta näin meillä,
   sitte niitä tavaroota ollahan kohta ajelemas
   kaatopaikoolle lokkien ja rottien ilooksi
   ja luonnonvarooja tuhulatahan turhahan.
Kyllä ei oo järjenhiventäkää tällaases touhus,
   tarttis panna sellaaset uudelleen kouluhun
   opettelemahan laskentua ja uskontua,
   notta oppiisivat käyttäytyymähän

Vihapuhehesta

Mitä ne ny höpöttää koko aijan vihapuhehesta,
  s'olis parempi pitää turpa kiinni ja suu supus,
  kun sellaanen vihaan pitääminen,
        siitä ei hyvää seuraa,
        sano mun sanonehen.
Parempi s'olis antaa anteheksi
  ja kääntää sitä toista poskia,
  niinku suures kirias sanotahan,
  eikä louskuttaa leukojansa sosiaalises merias,
  niinku ne nykyään pruukaa teherä.
Ennenvanhahan miehet seisoo vastatusten
  ja sanoo suorahan jos on sanottavaa,
  ny ne peukuttaa niillä älypuhelimillansa
  ja käyttää niin törkiää kieltä nottei tällaanen
  hiliaanen pohojalaanen kehtaa toistaa,
  sitte ne ottaa puostansa kuvia
  ja jakaa niitä keskenänsä, hyi helevetti.
Ne kaikki on niin olevinansa oikias,
  vaikka puhuuvat pelekkää sontaa
  ja panetteloo kaikkia muita.
En tierä onko ne puronnut puusta pää erellä,
  vai onko ruuvi päässä löystynny.

Töllöötin

Ajatteelin joutessani kattella töllöötintä
 ja aloon lukia ohojelmaa, hemmetti:
Miehen puolikkahat. Rillit huuruussa.
Vauhtimimmit. Lemmen viemää.
Unelma asuunnot. Suomen ihaniimat häät.
Makuuja ja elämää. Eläämellistä kamppaalua.
Mökkikuumes. V#tun puhelinmyyjät.
Hääkatastroofi. Hauskimmat häävireot.
Jättilääs naiset. Moon Jazz.
Upea lihaava elämäni. Prameat mustalaashäät.
Taharon morsiuuspuvuun. Huria remoontti
Villit nettivireot. Ennustaja töllöötin.
Erakkoperhe erämaas. Mahtaavat miekat.
Isoonjalaan jäläjillä. Huria painonpurootus.
Kanoise sisustaa. Suomen kaunehin mökki.
Pappien tekopyhäät flikat. Sinkkuillaallinen.
Neliät häät ameriikassa. Remppa vai muutto.
Huippumalli haussa. Hulluna sinuhun.
Tuurin kyläkauppias. Myyntimies Jetro.
Mikä peppu? Ruokamatkat.
Tässä oli yhyren päivän ohojelmasta ote.
Tairampa kuunnella Motsartin klaviäärikonserttia.

Kouluutuksesta

Nyt poliitikoot kehoottaa kouluttamahan asiantunti-
joota
    työnantajan tarpehia varten
    ja lopettaavat yliopiistoja,
    koska ei niitten enää tartte niin paliua osata,
    puhumattakaa mistään soliraalisuuresta,
    tai muista henken asioosta,
    riittää kunhan tuotetahan tavaraa
                ja rahaa tuloo rutkasti.
Siinä sitä sitten voirahan leveellä ja kerskua,
    oikeen viimmeisen päälle trossata,
                kun on millä mällätä
    ja ollahan yliopiistoja käynehiä.
Ja on siinä seki hyvä puoli, kun ei opeteta empaatiaa,
    eikä mitää muutakaan myötäeläämisen taitua,
    s'on niin, kun on tuntehet kuoleetettu,
    niin on heleppua antaa kenkää köyhäälistölle,
                omapahan on vikansa,
    mikseivät lukenehet aikoonansa.
Nykyysin ihimisen arvo mitatahan rahaalla
                ja kouluutuksella
    jos ei niitä oo, niin s'oot luuseri
    eli pirunmoonen malaka heirän silimissä.

Yhtiööttäminen

Ny pitääs kaikki yhtiööttää, yksityystää
         ja vierä lopulta pörssihin,
notta herrat sais optioota ja osinkoja
mummojen ja paappojen hoitamisestaki.
S'on kun pelto josta korjatahan satua,
         muttei ollenkaa lannooteta,
peltoki ehtyy ku lehemä,
         eikä anna enää mitää.
Tässä ollahan nyt kamalas kiertehes,
   joss'on kolome vaihetta, sanoos Stuppi,
   yksi, julukiset työt yhtiöötetähän,
   kaksi, ne yhtiöt myyrähän tariousten pohojalta,
   kolome, kansaanväliiset sijoottajat ostaa ne
   ja viöö kaikki tuotot paratiiseihinsa
   maksamatta meille eres verua.
Tässä tuloo käymähän kuten entisen ukoon,
   joka elää kituutteli yhyren lehemän kans
   ja rahapulas se meni myymähän sen lehemän,
   sitte kun rahat oli juatu, eikä tullu maituakaa,
   s'oli vaan lipottava napolla vettä luomasta
   ja järsittävä sitä mitä pyörtänehiltä löytyy.
Kyllä ei oo mitää järkiä,
         mennä myymähän lypsävää lehemää.

40

Mainoostamista

Kyllä ei nykyysin ihiminen saa hetken rauhaa,
  kun sontaluukustakaan ei tuu enää muuta
      kun mainoostamista
  ja postiloota on aina puolillansa sitä samaa
  ja puheelin soi kun sävelratio,
  notta katto, klasit ja röörit tuloo vaihtaa.
Kerranki ne sanoo jotta teherähän tutkiimusta,
  yht'äkkiä se tokaasi, notta pannahan lehti
  ja pilleerit tulemahan ja rapiat kaupan päälle,
  ei helee'vetti m'arvasin tämän eii, ei.
Sitte yksi hyväkäs työnti mokkulan mun kourahan
  ja se poltti mun kouras kun punaanen rauta,
      saat nopiamman laajakaistan,
  mutta kun mulla ei oo kiirus mihinkää,
  m'oon eläkkehellä ja m'orotan kualemaa,
  eikä siinä passaa truivaata päättömänä.
Ja laskuja tuloo ja niiren muistuutuksia,
  vaik'oon jo kolomehen kertahan ne maksanut
  saman laskun ja heti perähän sanoovat,
  notta pannahanko viihrespakeetti, saat sata
  kanavaa ja kuusi milioonaa musiikkikappalesta
  ja kun poistat tietoturvan, niin saat uuren
  pari eurua halaavemmalla, halaavemmalla, täh.

Yhteeskuntasopiimus

N'on ny tekemässä yhteeskuntasopimusta,
ku Iisakin kirkkua
ja änkkää jostakin pallosta,
notta kellä se ny oikeen on,
eikä kukaan myönnä, notta s'on mulla.
Aina joku panoo vastahan
ja jossei se enää jaksa, niin heti joku toinen
rupiaa vänkäämähän vastahan.
Halutahan nostaa ja laskia verua,
taharotahan maksaa ja lisäätä velekaa.
Työlääset ei taharo luapua mistään
ja herrat haluuvat aina vaan enempi.
Ny tarvittaas isännän kättä
ja kunnon ruoskaa,
pitääs lyörä nyrkki pöytähän
ja sanua notta PERKELES,
ny sovitta,
tai tuloo isään kärestä, notta roikuu.
S'on niin, notta jos on Matti kukkaros,
niin tyhyjäästä on paha nyhyjäästä,
ymmärtäkää se perskeles.

Nukkunehen rukous

Kyllä on autoolla ajaminenki tehty vaikiaksi,
  kun melekeen jokahinen teköö ratis muuta
      kun ajaa autuansa,
  tuoki tuossa on kun nukkunehen rukous,
  vihiriä palaa eikä se eres kato sinne päinkää,
  muuta kun päivittelöö sosiaalistameriaansa,
  kun pitää kaikille kertua, notta missä m'oon
  ja peukuttaa jokahiselle kaverille
  ja kun niitäki on muutama tuhat.
No mutta mitä se ny teköö, se syöö ja juoo
  ja taaskaa ei eheritty tähän vihiriähän,
  eikä valtesmannia näy mailla eikä halamehilla,
  ny se rupes kampaamahan tukkaansa
          ja punaamahan huuliansa
  ja katteloo ittiänsä peilistä, kattoos tiehen.
Haloo täs'on neliänkympin rajootus,
  jotta vois sitä mennä eres kolomiakymppiä,
          mutta kun ei, niin ei.
Nyt se kääntyy sinne mihinkä munki piti,
  eikä eres vilikuttanu, perhana mä luulin,
          notta se menöö suorahan,
  tässä saa nyt takuta sen perässä kotia asti.

Kaupoos

Mikä piru se siinäki on,
  kun kotona katteloo pelloolle tunti tolokulla,
  eikä yhtää hermostuta, päinvastoon,
  mutta auta armias kun seisoo kaupan kassajonoos,
  s'on kun seisoos tulisilla hiilillä,
  sitä vahtaa erelläolevia ku lehemä uutta porttia
  ja manaa mielesnänsä, kun isoo kärry on
            aivan ääriänsä myöten täynnä
  ja ne nosteloo niitä siihen hihinalle,
            kun hirastetus filimis.
Sitte se kassa pyörittelöö niitä siinä käsisnänsä
  ja kun kones ei lue sitä viivakooria,
  niin sitten se lyöö sitä pitkää numerosariaa
            suurennoosklasin kanssa
  ja joka väliis soitteloo, notta mikä tämän hinta on.
Sitte kun pitääs maksaa, niin yritetähän maksaa
  usiammalla kortilla ja tariotahan lomakkehia
  ja niihin kiriootellaan preiviä,
            lopuuksi ne maksaa käteesellä,
  kunhan ensteksi käyvät sitä nostelemassa
  ja kun tuloo minun vuoro, niin niitten tavarat
  on hihinalla levällänsä, ku Jokisen evähät.

Avajaaset

Kyllä tämä kansa on hullua,
  ne ajaa autollaki vaikka 500 kilomeeteriä,
  notta saavat ilimaasen muoviämpärin.
Yhyrekki hyväkkähät oli yötä kaupan pihas,
  jotteivät jäisi iliman, sielä sitte rillasivat
          ja hytiisivät makuupussiissa.
Toiset tuliivat lapista Helsinkihin,
  jotta saisivat sähälymailan halavalla,
  mutta kallihiksi se tais tulla,
  kun ottaa huomiohon lentopiletit.
S'on nyt päivän sana, notta halavalla
         ja se pätöö joka asiahan,
  oli sitte kyse työstä tai tavaroosta
  ja viälä paree jos sais ilimaaseksi.
Nyt ne niitä liikkehiä lopetteloo,
  uuristaa ja muutoon vaan muutteloo,
  jotta saarahan pitää maharollisimman useen
  niitä avajaasia ja päästähän samalla erohon
  niistä vanahoosta muoviämpäriistä
  ja voi että s'on koriaa, ku leheret kiriootteloo
 ja ottaavat kuvia kilomeeterien pituusista
  ämpärijonoosta ja jos oikeen hyvin menöö,
  niin päästähän töllöttimehen.

Työtöön

Älä tuu mulle sanomahan, notta mee töihin siitä,
  ku töitä ei oo, on vain satojatuhansia työttöömiä.
Sitte kun menöö kysymähän työtä,
  niin ne vastaa vaan, notta onko sulla paperia?
Mitä helevatin paperia täs tarvitahan,
  eikö se riitä jos on terves ja työhaluunen
          ja kova tekemähän tinkiä.
Seuraavana ne kysyy, notta onko sulla CV
  ja ku mä vastasin, jotta on WC eli hyysi,
  kuten meilläpäin sanotahan, niin n'oli hiliaa
  ja sanoo notta ilimootellahan sitte,
    eikä ne oo mitää ilimootellu, kunhan puhuuvat.
Työvoimatoimistos vai mikä se ny onkaa kysyyvät,
  notta oonko mä kattonu työtä netistä,
  sielä on kuulemma sellaaset sivut,
  mutta kun ei oo nettiä, eikä eres konesta,
  puhumattakaa, jotta osaasin sitä käyttää.
Sanoovat myös, notta töiren haku on myös työtä
  ja siinä asias mä oon niiren kans, täysin samaa
mieltä
  sitä kun kävelöö firmasta firmahan
  puhkikulunehilla lenkkarerilla kyselemähän,
          niin kyllä se työstä käy.

Keriälääset

Kysyyvät multa kun m'olin kakara,
  notta missä s'olit silloon kun keriälääsiä tapettihin,
  ku mä pyyrin jotaki, mitähän ne sillä tarkootti?
Ei kyllä oo heleppua keriälääsilläkää,
  kun talavellaki istuuvat karulla lumituiskus
          ja on ankara pakkaanen
          ja kesällä taas heinähelles.
Ihimiset kulukoo ohi luimistellen, vihaasen nä-
köösinä
  ja katteloovat taivahalla lenteleviä korppija
          tai räkivät päin pläsiä, halavattu,
  jokku on antavinansa jotaki
  ja panoo purkkihin ruostunehen rautanaulan
  tai väärennetyn viitosen seteelin.
Sitte kun keriälääsraukka menöö kauppahan
  ja rupiaan maksamahan ostoksiansa,
    niin kassa työntää seteelin sellaasehen laitteesehen,
    joka alakaa heti kohta huutamahan, jotta väärä vii-
tonen!
Siihen tryykää ensinmääsenä tiukka vartia,
  joka repii keriäläästä takahuoneesehen
          ja soittaa sitte vallesmannille.
Kovien kuulustelujen jäläkehen keriäläänen
  karkootetahan maasta ja annetahan sakkoja,
          eikä se ikinä tierä, notta minkä takia.

Kauneuren hoitua

Kyllä s'on kuulkaa aivan kamalaa,
  kun nuoret nätit luuloo olevansa rumia
  ja rupiaa korjaamahan paikkojansa.
Siinä sitte kikkiä pienennetähän ja suurennetahan
  ja pannahan potoksia joka paikkahan,
  ei kaikkia paikkoja kehtaa eres sanua,
  kun mennähän vähän intiimimmälle aluehelle.
Yks rupes pirentämähän jalakojansa,
                notta o'lis nätit pitkät sääret,
  siitä vaan jalaat poikki ja jatkamahan.
Rasvaa imettihin yhyrestä kohtaa
  ja lisäättihin toisehen paikkahan.
Jonku puo oli liika suuri ja toisen pieni,
  olisivat vaihtanehet, s'olis sillä hyvä.
Jollaki oli pitkä nenä tai morhokorvat,
  eikä muuta kun kirurkia huuretahan apuhun,
  niinku niillä ei olis muuta leikaattavaa.
Sitte se läskionkelma vasta kauhia onki,
  kunei millää saa olluksi syömättä,
  niin pitää ruveta mahalaukkua pienentämähän
  tai suoliista katkotahan paloja pois.
Paree s'olis syörä vain se mitä kuluttaa.

Yhteesöllisyys

Joku tutkija sanoo jotta s'on yhteesöllisyyttä
  kun tuntoo ihimisiä ja tervehtii krannia,
  voi pyhä yksinkertaasuus, eikö soo ittestänsä
  selevä asia, voi herran piaksut.
Pitääkö sitä käyrä ihan yliopiistoja
  tällaasen asian selevittämisehen.
Ihiminen on teheny näin tuhansia vuosia,
  millä lailla tämäki asia auttaa kansantaloutta,
        ei sitte hilikun vertaa?
Sanoovat senki olovan tärkiää,
        ku ihimiset tapaavat toisiansa.
Pohojanmaalla kun miähet lähti häihin,
        n'oli hyvin varustautunehia,
  oli puukoot, puntarit, heinäseipähät ja kirvehet
  ja niistä häistä tehtihin lauluja,
        missä tuli rumihia
  ja pian taas vietettihin hautaajaasia
        s'oli yhtä juhulaa se,
  no sitä se sahti ja pontikka teköö.
Kyllä s'on niin notta jos'ei nuppi kestä,
  s'on silloon paree jäärä kotia juomahan,
  eikä lähtiä kylään raitille rällästämähän.

Etnisyys

Sanoovat myös jotta etnisyyttä tuloo varijella,
  mun mielestä se tarkoottaa myös murtehia
  ja tätä isoojen lakiootten pohojanmaan heimua.
Kun m'olin kakara ei sitä kukaa varijellu,
  opettajakki hakkas karttakepillä ja repii tukasta,
  jos puhuu murtehella, ei meirän vaan meidän,
        kyllä se toisinansa korpesi,
  kun komiata murretta nuon pahoonpireltihin.
S'on tosi vaikiaa löytää murrekirioja,
  kun ei niitä kukaa uskalla kirioottaa,
        nottei saa karttakepiistä kynsille.
Sitte ne ettii etnisiä ryhymiä ympäri maailimaa,
  siel'on eskimoota, Suomensukuusia heimoja
  Venääjällä, elämäntapaintiaania ja oikehia intiaania
  ja vaikka mitä ryhymiä pitkin aasiaa ja eurooppaa,
  muttei ne huomaa meirän omia ryhymiä kuten
  pohojalaasia, savolaasia ja karijalaasia.
Silloon kun mä muutin Helsinkihin,
  niin täälä ne pamlas starin slankia
        ja me muut oltihin maalta,
  ei meitä piretty eres ihimisinä, vaan maalaasina,
  kyllä oli meirän kieli ja heimo
        halapaa kauppatavaraa.

50

Kansanerustaja

Kyllä ei oo kansanerustajankaa elämä heleppua,
koska heti kun tuloo valittua eruskuntahan,
pitää ruveta miettimähän seuraavia vaaleja
ja varua sanomasta mitää jost'on vahinkua,
mutta toimittaa pitääs kaikenaikaa,
        notta huomattaas työteliähäksi
ja toisia pitääs morkata niiren virhehistä
ja toristella itte olevansa virheetöön.
Pitääs olla sellaasta toiminnallista toimimattomuutta,
kun ummes olevas suoles, jos'on kova möly mahas
ja kipu, muttei mitää tuu kummastakaa päästä
ja kun ei mitää tee oikiasti, niin ei tee virheetäkää.
Sitte pitää koko aijan olla reissus ja julukisuures,
mennä mukahan alaastomihin seleviytyjiihin
        ja kaikkiin muihin kotkotuuksihin.
Aina pitääs hymyyllä vaikka syrän verta vuotaas
        ja kyynelehet valuus pitkin poskia,
ainahan sitä voi sanua, notta n'oli iloon kyynelehiä
ja koko aijan pitää luvaata kaikille kaikkia
        ja jos'ei onnistu, niin sanoo vaan,
        kyllä m'olisin antanu tähän rahaa,
mutta kun nuo toiset panoo tosinansa vastahan.

Luovuuttamisesta

Jos joku luuloo, notta m'oon luovuuttanut
 ja makaan kotonani kualemaa orottamas,
  niin kyllä turhia luuloo.
Joka aamu mää jumppaan itteni hereelle
 käyn pari kertaa viikos vesikävelemäs,
 ihan niinku Iesus silloon aikoonansa
 ja otan ittelleni vesihiarontaa
 ja hypin ja jumppaan terapia-altahalla,
 kaiken päälle otan kunnoon löylyt,
        tuloo niin puhuristunu olo
 ja jos siinä sivus pääsöö haukkumahan herrat,
        niin mikäs sen parempaa,
 s'on sitä sialun ja ruumihin hoitua.
Muina päivinä mää kävelen kaupoos,
 hautuumaalla ja pitkällä koskella,
 siell' onki komiaa mettää, ikimettää,
 kaatunehet puukki on jäteetty maatumahan,
 sielä linnut lauleloo ja käki kukkuu,
 peurat ja jänikset juoksoo poluun poikki,
        oraavat kurkisteloo oksiltansa
 ja mettä tuoksuu ku hiano parafyymi,
 sielä ihiminen rauhoottuu ja sialu lepää.

Murupussi

Kyllä nykyysin on elämä heleppua,
    kun murupussinki kyljes lukoo notta,
    avaattava ennenku ruvetahan syömähän,
    ny osaa nolookki syörä muruja.
Kaikki saa nykyysin valamihina,
    jos vaikka tarttee uuret patjat sänkyhyn,
    niin menöö vaan kauppahan ja ostaa.
Ennen piti täyttää koltinkuoret pitkillä oliilla,
    tyynyyhin kynittihin kananhöyheniä
    ja sitte nukuttihin fällyjen alla.
Koltinkuorihin piti vaihtaa uuret olijet aina,
    kun makuualusta meni likilaskuuseksi,
            niistä tuli sellaanen pöly notta,
    aurinkonvaloos huonehessa näkyy pölypatsas.
Kartoonkit piti pestä usiamman kerran vuores,
    ennenku niitä voi laittaa aakkunoohin,
    ja jos klasis oli halakioon, ei sitä vaihrettu,
    ennenku siitä oli puroonnu pala pois.
Nykyysin vaihretahan uurenki tilalle uutta,
    jos'ei jostaki färistä tai muutoon tykäätä
    ja rompetta on nurkat pullonsa,
    on se aiva kauhiaa tuhulaamista.

Annetahanko vai otetahanko

Sanotahan jotta on autuahampi antaa
                kun ottaa,
    mutta ku kukaan ei taharo antaa,
    niin sitte otetahan vaikka väkiisin,
    antajat on kuollehet sukupuuttohon.
Ja kun kaikki vaan ottaa,
    niin kellää ei oo enää mitää annettavaa
    ja näin on menetetty antamisen ilo.
Täs pitää ny sama parakraafi,
    kun ennen soveltuvuustestiis,
    notta kaikki tarkkahan tutkittihin
                ja lopuksi pisin valittihin,
    ny annetahan sille, jolla eniten on
    ja muilta otetahan lopukki pois.
Nykyynen laskuoppikiriaki on erilaanen ku ennen,
    kun jakolaskussaki yhyret saa kaikki
                ja toiset saa sitte loput,
                s'on menny niin kieräksi,
    jottei tällaanen tavallinen kuolevaanen
                sitä tuu ymmärtämähän,
    muttei sitä sit'oo niin tarkootettukaa,
    s'on harvojen ja valiittujen herkkua.

Parkkimittari

Vaikiaksi menöö vanahan miehen elämä,
  ku kolikkoparkkimittarikki on poistettu
  ja pitääs maksaa älypuhelimella,
  mutta kun sellaasta ei oo,
              on vaan pankkikortti
              ja kaikilla ei sitäkää.
Siinä kun huononäköösenä pränttäät romaania,
  niin Parkki-Pirkko kirioottaa sakkua
  ja kun viet pilettiä autolle,
              niin Pirkko on häviinny
  ja tuli vahinkos maksettua puolipäivää
              tunnin parkkeeraamisesta.
Onneksi ei oo uutta autua,
  kun avaan pitääs kääriä jokavälis foliohon,
              nottei rosmot vei koko autua,
  kotiaki yrittäävät myyrä sähkööstä lukkua,
  notta rosmos pääsis heleposti sisähän.
Sitte yritetähän saara ihimiset tilaamahan
  kaikenmaailiman hälyyttimiä puhelimihin,
              jotta koska kukat tuloo kastella
  ja kuka julukkis meni justihin naimisihin,
  tai jos juusto on loppunut jääkaapista.

Auto

Autot rupiaa olemahan aika konstikkahia,
siinä pitää olla tietokones
ja kamerat joka suuntahan,
niin ja renkasvahti,
joka kertoo onko ilimaa renkahis,
niinku emmä sitä itte näkis,
kuka nyt vantehilla ajeloo?
Sitte se varoottaa jos on liika vähän öliyä,
ja kun lisäät, niin heti se ilimoottaa,
jotta liikaa öliyä
ja taas autua hinatahan huoltohon.
Sitte ku tietokones kaatuu,
niin siinä sitä päivitellähän
ja hinatahan päivitettäväksi.
Tulevaasuures autua ei tartte enää ohojatakaa,
sanoo vaan sille notta mihinkä mennähän
ja rupiat vaikka nukkumahan,
eikä aikaakaa ku oot jo perillä,
eihän siinä enää tartte ajokorttiakaa
ja kakarakki voi lähtiä ajelohon.
Turhahan s'on munkaan mukahan mennä,
autohan hoiteloo ajelut ihan ittekseen.

Sukupuolineutraalia säästyä

Ei voi olla totta,
  notta flikkoja ei saa sanua flikooksi,
  eikä kloppia klopeiksi,
  mitä pirua ne oikeen praataa,
  lapsenpäästäjänki pitää sanua,
  jotta sieltä tuli pieni ihiminen.
Niitä ei saa pukiakaa flikooksi tai poijiksi
  ja kaikki vaattehekki tuloo olla samanfärisiä,
  ny niistä teherähän sukupuoleettomia,
  ennen kauhisteltihin kaksineuvoosia.
Auttaaskohan siinä yhtään norialaasten huulirasva,
  jos flikoolle rupiaas kasvamahan parta
              ja poijille tissit,
  niin s'olis jo meleko sukupuoletoonta touhua,
  eikä enää tarttis monia hyyskiä, eikä pukuhuone-
hia.
Olisko tuo meirän hallitus niin pirun juoni,
  notta se o'lis pannu tämän asian aluulle,
              jotta tulis säästyä,
  s'olis jo sitä sukupuolineutraalia säästyä,
  niin kun ne koittaa hienoosti sanua.

Ruumihin huolto

Ruumihin huoltokin on hankalaa,
  jos lähtöö vaikka kävelöhön,
  niin tarttee olla sykesmittari,
  joka heti piippaa, jos meet liika hiliaa
      tai liika lujaa
  ja rantehes pitää olla tietokones,
  joka laskoo kaloorien palamisia.
S'on vaan huonompi juttu,
  jos pysähtyy kuuntelemahan linnunlaulua,
  niin kohta mittari piippaa,
      enkä muuta kuulekkaa,
  jos innostut juoksemahan, niin heti piippaa,
  mutta piipakkohon mokoma.
Tietokones myös ilimoottaa
  palionko oot kuluttanut kaloria,
      polttanu rasvaa sun muuta,
  mutta sitä s'ei kerro onko pissahätä
      tai vähän suurempi hätä,
  mutta sellaasia vaattehia kyllä saa,
      notta jos tuloo vahinko,
  niin kohta s'on huutamas,
      kakka tuli.

Tällaasta s'oli ennen

Äiteen apulaanen

Haehan kermaknekka konttuurista,
  jotta saarahan kaffetta valakaastua,
  sitte hajet puolukoota puorista,
  laitetahan sitä perunakropsun päälle.
M'ajattelin teherä klimppisoppaa,
  s'on niin hyvää näin kylymänä päivänä,
  huomenna sitte teherähän läskisoosia
          ja keitetähän pottuja.
Pitääs vähän saara vaihtelua ruokahan,
  ku enimmäkseen syörähän perunaa ja soosia.
Osuuskauppahan on tuloos silakoota,
          sitte mä paistan niitä
  tai halstatahan hiillostalla.
Haeppa puuliiteristä halakoja uunihin,
  m'ajattelin leipua leipää vartahalle.
Sä aina ihimettelit jos leivän kuori nousi ylös,
  mä sanoonki notta kannet ylähällä,
          ku Luoman Jorman leiväs,
  kun sanoot leivän kuorta kanneksi.
Tuli tuos mieleheni, jotta kohta Heluna poikii,
  sitte saarahan taas ternimaitua,
  josta tuloo tosi hyvää juustua.

60

Kökkä

Mä sitä hevoosta kurmootin,
  ku se rupes potkimahan
          ja näykkimähän.
Mutta sitte pitikin mennä
          perunakökkähän.
Sielä niitä mukuloota oli pellos,
  ku valakovuokkoja mettäs,
  ei muuta ku keräs lootiin.
Kökkäväen trahteerit oli komiat,
  oli kokoperunaa, muussia,
  perunakropsua ja –laatikkua.
Päälle oli ihan oikiaa maitua,
          eikä mitää lurijua,
  kuten entisen muorin kahavipöyräs,
  jonka ankkastukin siivuusta
  paistoi aurinko läpitte.

Pääsiäänen

Pääsiääslauantaina noirat kuluki
      taloosta taloohon,
virpoomassa ja varpoomassa,
mutta sitte ehtoolla me
ajettihin niitä menemähän,
polttamalla pääsiääsvalakiaa,
eikä niitä sitte enää näkyny
ennen seuraavaa pääsiäästä.
Toisena pääsiääspyhänä noustihin
kattomahan auringon nousua,
että nähtääs kuinka se aurinko tanssii,
ku se ristus nousi kuollehista.
Emmä ny sitte tierä mikä tanssii,
      oliko se aurinko,
vai mun uniinen silimä,
mutta jotaki värinää siin'oli.

Trossaamista

Meirän lehemän maito on melekeen
satarosenttista rasvaa.
Kas ku ei valamista voita,
   mut mä panin puut kasvamahan
         juuret ylähäpäin,
         larvat imöö maata
ja juuret henkittää ilimaa.
Mä panin kupariplootua
   uima-altahan seinille,
   ku en saanu peltiä ajoossa.
Kyllä sitä ny trossatahan,
   meirän naveetas on yksi
         hännänhuiske.
Ei sitä ny tartte olla nuon
   veheriäänen kateuresta,
   lähäretähän menemähän.

Källätä

S'olit källänny mua kylillä,
        pirä huoli,
notta s'oli laitimmaanen kerta,
tai mä verän sut käräjille,
jourut vastaamahan puhees.
Täs kylääs ei oo koskaa tykätty
        tyhjän puhujista,
s'on akkamaasta touhua.
Lähäre ny siitä käläppimähän,
  jottei mun tartte vierä,
  s'on kuule kylymää kyytiä.
Miten s'oli nuon hävyytöön,
        hääppöönen miäs?
Tuulellakin joutuu pitämähän
        rautakankia käres,
  nottei tuuli vie mennessänsä.

Santasokuria

Ka ku panoo palio tuota
              sokurisantaa,
  eihän siihen kaffia maharukkaa,
  heleppo s'on toisen sokuria lipaata,
  mutta omaansa ei tuo eres pöytähän,
            s'on niin tarkka ukko.
Toppasokurisaksekki se pitää plakkaris,
  nottei kakarat pääse rohomuamahan.
Tossa se röhönöttää ja räkii
             pitkin laattioota,
  ai notta pistää vihaksi
              tuollaanen kutales.
Luulis notta sillä o'lis
  tähärellisempääki tinkiä,
             ku tuos nuhaata,
  ka ku tajus lähtiä nykimähän.

Klasista

Klasin etehen laitettu lavitta
  seisoo ku sonni vainioolla.
Mitä sä siinä vahtaat,
  ku lehemä uutta porttia?
Anna ny munki kattua,
  ai Hautaluoma fälttää peltua.
Muutoon kuinkahan vanaha se
          kränämänty on?
Sanoovat notta s'on ainaki
          parisataa vuotta.
Herranjestas, kukapa o'lis uskonu.
Kyllä se aika joutuu,
  ei siitä oo ku seittemänkymmentä
          vuotta,
  ku mä mukulana juoksentelin
          pelloolla,
          iesus sentään.

Nappokömö

Ku m'olin mukula, niin puhuttihin
        Nappokömöstä,
s'oli pahansisuunen miäs,
sen kans oli moni päässy
        henkestänsä.
Soli niin kovapäänen,
   nottei sitä mikää tainnuttanu,
   vaikka airanseipähällä lyötihin,
   nii se vaan ravisteli päätänsä
        ja kävi päälle.
Vanahat miehet praatasivat,
   notta Nappokömön tappoi
        pieni paimenpoika.
S'oli häijyyttään ajanu kossin
        savimonttuhun.
Poijankossi ottaantui niin,
   notta soli tryykäänny ottamahan
   kirvehen montun reunalta
   ja sillä s'oli huitaassu
   Nappokömöä päähän,
        notta kallo halakes.
Tohtori oli sanonu,
        notta sillä oli ollu,
   kaksinkertaanen pääkalloonluu,
   sen takia s'ei ollu moksiskaan,
   kun sitä seipähillä lyötihin.
Poijaasta tehtihin pitäjän sankari,
   koska s'oli päästänyt ihimiset

päläkähästä.
Tarina ei praatannu mitä mieltä
valtesmanni oli ollut.

Pöyräs

Pöyräs piti istua hiliaa,
  eikä kissille saanu heittää leipää.
Lautaanen piti syörä tyhyjäksi
  ja lopuuksi nuolla joko
  leipäpalaalla tai kielellä.
Siinä oli vähä naurussa pitelemistä,
  ku piti olla hiliaa syöressä,
  yritettihin olla kattomatta toisiamma,
  nottei olis nauru pärskähtänyt,
  siitä olis tullu satikutia.
Vieraissa s'oli viälä vaikiampaa,
  sitä vaan istuttihin
  ja katottihin lautaaselle,
              s'olis ollu hävettävää
  ruveta nauramahan pöyräs.

Jouluna

Jouluna pruukattihin nakella
   joulukortteja kranniille.
Kohta kun ovi kävi,
   niin läherettihin perähän
   ja jos heittäjä saatihin kiinni,
   niin annettehin naamahan lumipesu.
Yhtehenki korttihin kiriootettihin,
   notta toivoo Vilikkilän väki.
Kranni tuli huutamhan,
   notta siinä luki V...n väki.
Siinä sitä sitte seaattihin ja selitettihin
                  vähä miten sattuu.
Lopuksi isäntä uhkas meitä
   valtesmannilla ja käräjiillä.
Jotku koiranleuat oli heittäny
                  sontaa kuores,
   mutta s'oli sitte eri juttu.

70

Änkätä

Meirän isä sitoi harijoja
  ja niitä kuluki yksi kulukukauppias
  pitkin pitäjiä myymässä taloohin.
Krannissa asui Santeri niminen poijankloppi
  ja se tykkäs aina änkätä Ilimarin kanssa.
Kun Ilimari oli maakunnassa,
  niin Santeri hyppäs alvariinsa kyselemäs,
  notta koska se taas tuloo.
S'oli kun kipiä, ku ei päässy änkkäämähän.
Ja voi että kun n'oli yhyres,
  niin siinä vänkättihin kaikki asiat
                maan ja taivahan väliltä.
Ei se niin oo, kuului tämän tästä
  ja lopuksi ne huusi naama punaasena kumpikin.
Äiteetä pisti vihaksi niitten äkseeraaminen.
Äiteen onneksi Santeri aina häippäs.
  kun s'oli oikeen kuohuksis.
Mutta kohta seuraavana päivänä,
                se tramppas kyselemäs,
  notta koska se Ilimari tuloo.

71

Juoksuaika

Tuo poika ei oo oikeen reiloos,
            kun se nuon panoo,
   kulukoo oves erestakaasin,
   eikä oikeen tierä tulisko vai meniskö,
   eikä puoliväliskää pysy.
Kyllä s'on kauhiaa tuo juoksuaika.
Menis ny vaikka pelloolle pilliääsiä repimähän,
   niin o'lis jotaki hyötyäki.
No mikä sille ny tuli?
Si so ny s'otti ja lähti.
Mistä s'on ny nuon käärmehis?
Ottaas akan ittelleen, niin vähä rauhoottuus.
Se syöki ku hevoonen,
   eikä muuta tee, kun tramppaa tie mustalla
                 kuralla.
Eihän flikatkaa tuollaasesta
   koheltamisesta tykkää.
Anna mun kaikki kestää.

Pyörääly

Pyörääly ei ollu hääppööstä
  senaikaasilla polokupyörillä.
Minäki polijin sellaasella
  vanhalla klosalla kouluhun.
Ei siinä ollu rapakaaria, takapakkaria,
  kissinsilimää ja trampit nuljuu,
  sarvet välillä käänty omia aikojansa
  ja jos lesta oli korkialla, niin piti lieruttaa.
Sellaasen kanssa kun satehella tuli kouluhun,
  niin oli kurassa erestä ja takaa
  ja sai hävetä silimät päästään.
Kauhajoella ukot kerran praatasivat,
  notta yksi Vennu oli menny sellaasella
  pyörällä pitkin Topeekkaa pimiällä.
Tien vieres oli ollu valtesmanni,
  s'oli huutanu Vennulle notta,
  -onpas alastoon pyörä.
  Vennu oli vastannut notta,
  -ei ole viluansa valittanu.
  Siihen aikahan käytettihin kaikki tyynni,
    se koski myös polokupyöriä.

Automopiili

Siihen aikahan kun vanahoja autoja
 sai halavemmalla, kun uusia palttoita
 sanottihin, notta tuoki on ostanu uuren palttoon,
 kun vanahalla automopiililla rehusti.
Aikamoosta menua s'oliki,
 milloon moottori putos tielle kesken ajoon,
 tai renkahista loisti sisuskumi.
Kerran moottori ei saanu pentsaa,
 mutta hätä keinot keksii,
 yksi istu etulokarin päällä
 ja kaatoo pentsaa kaasuttajahan,
 tosin näkyvyys oli huonua,
 kuskin piti sivuklasiista kurkootella tietä,
 notta perille päästihin.
Ny ne yrittää päästä niistä erohon,
 maksaamalla romuutusmaksua
 ja tilaalle tariotahan tiatokonesautua.
N'on vaan siitä huanoja,
 kun niitä alvariinsa hinatahan korjaamoolle,
tiatokones virhe mukamas.

Ruottis

Pohojalaaset lähti Ruottihin,
  ku Suomesta loppu työt,
  niinku nykki on loppunu.
Yksi Lassi lähti kävelemähän
            hautuumaalle
  ja joka hauras luki notta här vilar,
  se tuli sieltä hautuumaalta ja sano,
  kyllä täällä on palio fiilareita.
Ei ne oikeen tykännehet siellä olla,
  kun kaupassakin tuli ongelmia
  kananmunien ostamisen kanssa.
Ensteksi piti sanua notta kot kot
  ja osoottaa sormellansa sukukalleuksia,
            eikä sitä aina tienny,
  miten ne kassafröökynät sen ymmärti,
  olis voinut tulla pahojakin väärinkäsityksiä.
Ja ku fröökynät ei ymmärtänehet pohojalaasia,
  eikä pohojalaaset ruottalaasia,
  niin ne päätti palata Suomehen.
Kyllä oli hyvä henkittää pohojanmaan ilimaa
  ja antaa silimän leväätä lakeurella.

Taloon pääryllä

Taloon pääryllä oli
   toistakymmentä astetta lämmintä,
   vaikka oli pirun kylymä,
   notta puhekin jääty ilimahan.
Keväällä s'oli pirunmoinen pulina,
   kun sanat ilimassa sulivat
   ja rupes laulamahan pirunpolskaa.
Yritti siinä linnukki parastansa,
   siinä oikeen ilima joikui.
Saunassa syntynehien määrä laski nopiaa,
   kun synnyytyslaitokset keksittihin,
   mutta erelleen s'on naisten tehtävä.
Kyllä siinä miestäki vähän tarvitahan,
   jotta alakuhun päästähän,
   sitte se onkin menua.
Siitä s'on hyvä,
   että enää ei kakarootten tarvitte mennä
   sarattaen saunan taa kuselle.

Tuntehella

Pohjolaanen

Lapsuuteni pellot juostava,
          pienet jalaat ahanehtivat matkaa.
Kissankellot heliisivät pientarehilla,
          olin myyty,
myyty aurinkon valolle,
latomeren lakeurelle.
Henkitin pohjanmaan ilimaa,
          ilimapiiriä
ja löysin irentiteettini.
Tähän minä nojaan toimissani,
          muukaalaasena.
S'on osa mua,
          vaikka mut pestääsihin vierahissa
          vesissä,
uitettaasihin uusilla lumiilla.
Vietääsihin käärmetanssin pyörteesihin,
          noitien vuosikokouksihin,
               hypnoosihin.
Silti minussa vielä asuusi
          pieni pohojalaanen.

Kyläni

Kyläni,
      äiteeni lihasta ja verestä lapsi,
          minä,
      repäästy ahamimahan sinua
          kun tuulta.
Imin sisähäni soittesi tuaksua,
          vilijavaa multaa.
Sinusta minä tulin,
      peltosi vapautehen vaivuun,
      pumpulipiliven unehen.
Lämmintä saretta laarihin,
      spektrin färien loiste
      raikkahassa ilimassa.
Sateenkaari mustia piliviä vasten,
      talot kimmeltäävät
      jalokivien lailla
          auringon kilossa.
Sateenkaaren päässä aarre,
          aarnivalkiat,
      toivua täynnä
      kyläni.

Ja pohojanmaan

Aluussa Jumala loi taivahan ja maan
                ja pohojanmaan.
Ja minä avasin silimäni
                ja näin
        mustunehet saunanseinät
                ja huusin
        äiti Maronnaa auttamahan.
Niin minut tuotihin uloos,
        minä näin taivahankaaren
        ja latomeren lainehtivan
        taivahankaaren alla.
He puhelivat susista ja lapsista,
        vilijanleikkuun aloottamisesta.
Minun ikiaikaasehen muistihini
        oli tallennettu leivänlaulu.
Ja me otimma ja mursimma leipää
        kaikki lapsuusvuoteni
        ja kiitimmä leivästä
                luojaa,
        vilijelijää ja leipuria.
Ja m'olin osa tätä ketjua,
        kunnes elämä vierootti
                minut.

Tuulentuoksuuset larot

Seinäpelloon färinen sienirihimasto
           syöö puuta,
           pohojanmaa.
Tuulentuoksuuset larot
  kuuraasella sänkipelloolla,
           lunta.
Näkymätöön alpiino varis
  raakkuu taivahalla,
           taivasalla.
Valakoonen hevoonen peltotiellä
  kuin kärpäänen tapeetilla,
           piste.
Taivahankaari laskettu alaha,
  valakoosta hehkuva harmaa
           vyöryy ylitte
           lakeuren.
Myrsky kylyvi lunta
           hämärähän.

Siksi mollahan ihimisiä

Kumpu ja kolome ristiä,
    lapsuuteni maisema,
    amputoorut puut.
Korppien huurot taivahalla,
    jäinen maa,
    päläviä pelloolla,
        tuuloo.
Tämä näky silimissäni
    etsin totuutta.
Totuutta joka aukeni
        avaruuresta
    vailla tarkootusta.
Samaa kurosta elämän kanssa,
    jaetut atoomit
        ameepa.
Aines on meille annettu
        laihnaksi,
    notta tietääsimmä asemamme.
Henki kapinoo
    luoren jumalia
        palavottaviksi.
Siksi mollahan ihimisiä.

Mies luitaan lämmittelöö

Vanaha risa autoon penkki
kuumalla kartanoon seinuustalla.
Mehilääset surraavat,
mies kattoo näkemättä.

Aurinko paistaa kirkkahasti
valaasematta miehen pimeyttä.
Kärpäänen istuu nenäällä,
penkin päässä valakoonen keppi.

Traktori kääntää peltua,
multa tuoksuu voimakkahana,
mies näköö sen nenällänsä,
linnut laulaavat taivahalla.

Mies kääntää kasvonsa menneesyytehen,
liukuu puoli vuosisataa,
ristii kätensä ja rukooloo,
on maailman tavoottamattomissa.

Käki kukkuu metsässä,
hyörinää kylätiellä.
Penkillä taloon seinustalla
mies luitaan lämmittelöö.

Elokuun aamu lakeurella

Elokuun aamu lakeurella
usvaa alavilla mailla,
kurkien muutto alakaa.

Kurkien torven soitto
kaikuu korvihin harijansitoojan,
aurinkon myötä tuuli nousoo.

Mies kääntyy hiliaa tuulehen,
ilimaa nuuhkaasoo ja
kepillä maata tunnusteloo.

Hän kiittää luojaa maasta
ja maan antiimista,
hän katsoo taakse pimeyren.

Aikojen aamun valo
miehen mielen kirkastaa,
suu hymyyn kääntyy harijansitojan.

Sateen jäläkehen

Aurinkon kajo
satehen jäläkehen,
nurmen tuoksu,
pisaroota leherillä.

Kuovin laulu,
tuulen lehährys,
puut leheriltänsä
pisaroota ravistaavat.

Kostialla tiellä
kastemarot tanssii,
linnuulla siellä
on juhulaillaallinen.

Työnsä tehenehet
pilivet leijaaloo,
maa höyryää,
on hyvä henkittää.

Mies tietää
sateen tuovan
vilijaa laarihin,
hän hymyilöö.

Silimät puhki

Ensilumen peittämä kotitaloo
    seisoo silimät puhkaastuna
        uuressa ympäristössä.
Luulin tulleheni toiselle planeetalle,
    kylymälle aavalle,
    painuun paanalle
        pysähtymättä.
Haalistunut kuva harijansitojasta
    tunkeutui tajuntahani
        raiskatun rappion takaa.
Käänsin pois aharistuneen katseheni,
    voirakseni nähärä
    sen mitä halusin,
        lapsuuteni
        harijansitojan.
Harijansitojan pestyssä tuvassa
    hymy huulillansa,
    työnsä ääressä.

Tuulipyörä

Tuulipyörä kiisi hankella kilivan
          puluverilumen kanssa.
Pakkaanen puurutti pienen nenän
                   ja posket.
Päiväntasaajan aurinko jakoo
          ylijäämä sätehiänsä
          pimiähän pohjolahan.
Harijansitojan lanka kiristyi
          ja höyläpenkki nitiisi.
Pakkasilimassa ratioaallot kulijettivat
          kesäyön unelmaa.
Talitintti nokki jäätynyttä rasvapallua.
Kuumasta uunista nousi pullan tuoksu.
          se täytti tuvan.
Jänis ponkaasi tuulipyörää karkuhun.
Lanka napsahti poikki.
Harija oli valamis harijansitojan.
Tuulipyörä katosi horisonttihin.
Aurinko painui taivahanrannan taa,
          väki kävi nukkumahan.
Alkoo näkemisen aika
          harijansitojan,
          kun saapui unen maahan.

Päntäne

Kivisilta, joki, Päntäne,
unohduksen yöstä nousoo,
nostalkinen hölökkä alakaa.

Siellä aina ollehet,
lapset maailmahan hajonnehet,
taas tänne kaivannehet.

Tuuri elokuvia näyttää,
joku siellä konetta käyttää,
ja seikkailuja tarjoilee.

Pilsnerillä Möykyn baaris,
istuu ukot, vanhat vaarit,
Liemola laulaa BB:stä.

Yli-Pentilältä vaatteet saa,
sukat, paidat, housut sunmuut,
hymyyn kääntyy lasten suut.

Välitunnilla voi vilahtaa,
Leskisen kauppahan ostamahan,
salaa limsaa ja karkkia.

Posti maailmalta kirjehet välittää,
Osuuspankissa rahat voi säilyttää,
usein kahvahan kävi käsi.

Osuuskaupan pääryllä isännät,
kertoo toisilleen vitsejä,
joku pensaa pumppaa pumpusta.

Vehenämyllyn kivet pauhaa,
kun ne jyviä jauhoiksi jauhaa,
uuneissa pullat nousoo, tuoksuu.

Tuuri myöskin kauppaa pitää,
sekä säästöpankkia hoiteloo,
ja laulukuoroa ohojaaloo.

Ketolalla rautakauppa,
ruuvit, naulat, sinkilät,
kuokat, ämpärit ja lapiot.

Sivistystä Saarelalta,
hyllyyltä ja hyllyyn alta,
kirijat, vihkot ja kynät saa.

Wegeliuksen leipoomosta,
pipareiren, pullan tuoksu,
ohikulukijaa houkuttaa.

Seurataloon painimatto,
urheelukenttä ja pesäpallo,
nuoret kunnossa pitää.

Vaan koittaa murrosaika,
ja mieli töihin halaa,
töitä ei olekaan.

Maalimalle lentää lapset,
hautauumaalle harmaahapset,
niin monet tutut nurmen alla.

Kivisilta hölökkä alakaa,
lapset, lapsenlapset kummissaan,
mikä on tää paikka?

Isän, äidin nuoruusvuoret täällä,
sitä lasten vaikea on ymmärtää,
kun tuloovat he Päntälään.

Juuret jokaasella on jossain,
mun juuret Päntälässä,
ovat tässä elämässä.

Takauma

Takaurun painan aikanappulaa.
Takaisin lapsuuteheni palaan.

Pohojanmaa eressäni avautuu,
pellot latomeri rannatoon.

Päntäne kotikyläni korvaamaton.
Kauhajoki synnyinpitäjäni on.
Verhot muistojeni avaan.
Hetket sieltä mielehen palaa.

Palaurun Känämännyntietä kulijen.
Kuulen kuovin pelloolla ja kurijen.
Näen pilivihattaroota taivahan.
Haistan tuoksun vilijan ja maan.

Ihaalen joenrannan maisemaa.
Katson isoon- ja pikkusaaren rantahan.
Uurelleen koen hetket lapsuuren.
Taharon elävästi muistaa ne.

Kotini suojan, kasvupaikan antoi.
Äiteeni sylissänsä mua kantoi.
Isältäni mä henken evähät sain.
Perheeltäni ohjehet elämähäni hain.

Karotettu elämä

Kylätiellä kymmenen taloa,
palion lapsia, iloa,
huutoa, melua, pauketta laulua,
ihimisten ääniä, iloosta naurua.

Elämä sykkii väkevänä,
lehemät ammuu ja hevooset hirnuu.
Traktorit, autot surisee,
sirkkelit vinkuu, pääskyt lentelee.

Jossain kukko kiekuu,
lammas määkii, sika röhkii.
Voimakas lannan tuoksu,
joku kutsuu lehemiä kotihin.

Onnellista elämää, kuin elävissäkuvis-
sa.
Lapset kirkuu, leikkii leikkejään.
Niittykukat kukkii pientarehilla,
naiset marjastaa saloolla ja soilla.

Yhyressä taloossa kymmenestä asuta-
han nyt,
on kylätie hilijentyny.
Ei kuulu eläänten ääni, ei lennä pääsky
ja pajua työntää piennar.

Hilijaa painan pääni alas ja
suren karotettua elämää.

Vain muisteloihimme,
s'on jäänyt säilymään.

Alakuni

Alakuni aavoolta pelloolta,
    sieltä minä tulin
        tuulen tuomana
hilijaa virtaavien jokien maasta,
    aamu-usvasta
kurkien huuron saattelemana.
Maasta johon tiet piirsivät karttojaan,
    pilvet laskivat sateensa
        vilijavaan multahan
ja ihminen uskoi osahansa,
    työhönsä.
Ja maa rakasti puurtajaansa
    antaen satehen moninkertaasesti.
Työmiehen koura tarttui korsihin,
    sirppi otti omansa,
    kultaaset jyvät ravitsivat.
Leipä murrettihin kiitollisuurella,
    katse kääntyi lakeurelle.